AF232892

DISCOURS

ADRESSÉ

À SON EXCELLENCE

MONSIEUR BARTHELEMY,

AMBASSADEUR

DE LA

RÉPUBLIQUE FRANÇAISE EN SUISSE,

PAR

MONSIEUR LE CHANCELIER OCHS,

EN PRÉSENCE

DU CONSEIL SECRET

ET AU NOM

DE L'ÉTAT DE BASLE,

le 22 Janvier 1795.

Votre Excellence!

Il faut une Suiffe à la France, & une France à la Suiffe. C'eft ainfi que s'eft énoncé envers nous un des repréfentans de l'illuftre République françaife, & c'eft à ce principe, marqué au coin d'une folide politique, que les deux nations ont dû dès long-tems une grande partie de leurs fuccès & de leur profpérité. Il eft en effet permis de fuppofer que fans la confédération helvétique, les débris des anciens royaumes de Lorraine, de Bourgogne

)(2

& d'Arles n'euffent point été réunis à la domination françaife ; & il eft diffi-cile de croire que fans la puiffante diverfion & l'intervention décidée de la France, on ne fut pas enfin parvenu à étouffer la liberté helvétique dans fon adolefcence, ou à faire rétrograder les deftinées de notre exiftence poli-tique.

Cependant jamais peut-être la vérité de ce principe falutaire ne fe manifefta avec plus d'évidence que dans le cours des événemens mémorables dont nous fommes, depuis plufieurs années, les paifibles fpectateurs. Mais c'eft à l'hif-toire qu'il appartient de révéler un jour à l'impartiale poftérité les rapports réciproques de caufe & d'effet qui fubfiftèrent entre ces événemens, notre neutralité & notre confervation. On admirera peut-être un jour ce fentiment de juftice naturelle , qui nous faifant abhorrer toute influence étran‑ gère dans le choix des modifications de nos formes de gouvernement, nous interdifoit par-là même de nous ériger en juges du mode d'adminiftration publique de tout Etat quelconque. Nos pères n'ont cenfuré ni les grands feu‑ dataires de l'Empire germanique d'a‑ voir ravalé la puiffance impériale , ni l'autorité royale en France, d'y avoir comprimé les grands feudataires. Ils ont vû fucceffivement les Etats géné‑ raux repréfenter la Nation françaife , les Richelieu & Mazarin fe faifir du pouvoir abfolu , Louis XIV déployer à lui feul la puiffance entière de la Na‑ tion, & les parlemens prétendre parta‑ ger , au nom du peuple , l'autorité publique. Mais jamais on ne les en‑ tendit d'une voix téméraire s'arroger le droit de rappeller le gouvernement français à telle ou telle période de fon hiftoire. Leur vœu fut le bonheur de la France, leur efpoir fon unité, & leur appui l'intégrité de fon territoire.

Cependant, quel que fut toujours le penchant des Suiffes à marcher fur les traces des fondateurs & confervateurs de leur liberté, il faut en convenir, plus d'une fois on a craint, dans ces tems de paffions exaltées, de les voir s'écarter d'une route auffi fûre, & s'ils ont échappé à ce funefte danger, l'opinion publique, quoique vacillante & divifée fur tant de points, fe réunit pour en attribuer l'honneur à Votre Excellence, & aux fidèles & zélés compagnons de fes importans travaux.

Allier l'aménité de caractère, la franchife de la probité, & la modeftie du vrai mérite, à la fermeté de l'homme public, jaloux de la dignité de fa place & de l'honneur de fa patrie; concilier une fage temporifation avec l'active rapidité des événemens, & les égards dus à nos rapports multipliés avec les droits d'un peuple regénéré, qui fent plus que jamais ce que vaut fon alliance; prévenir les infinuations perfides ou éxagérées, foit de la malveillance & de l'intrigue, foit d'un patriotifme aveugle ou inconfidéré; adoucir par l'efpoir des dédommagemens que promet la juftice confédérale, le fentiment des facrifices de tout genre contre lefquels des traités publics, ou des actes autentiques fembloient devoir prémunir : Tel eft l'art fublime que Votre Excellence a déployé dans fon Miniftère, pour maintenir la paix, lever tous les obftacles, calmer les reffentimens, réhauffer les efpérances, & ferrer de plus près les Magiſtrats pûrs & ſans tache, autour d'un ſeul point de rallie-ment, la ſcrupuleuſe obſervation d'une franche neutralité.

Heureux de devenir les témoins ha-bituels de vertus auſſi chères à tous les cœurs, le Conſeil ſecret de la Ville & Canton de Bâle, au nom de Nos Seigneurs Bourguemaitre & Conſeil de cette Ré-publique, a l'honneur de prier Votre Excellence de vouloir bien agréer favo-rablement les aſſurances du reſpectueux dévouement & de l'empreſſement bien vif à prévenir ſes déſirs, dont chacun de nous eſt ſincèrement animé. Le ſé-jour de Votre Excellence en notre ville annonce une confiance dont nous ſen-tons tout le prix. Ce fut ſous les murs de Bâle que ſe formèrent, il y a 350 ans, les premiers nœuds qui unirent nos déſ-tinées à celles de la France; & c'eſt .

dans les murs de Bâle qu'en ce moment, pour la première fois, les deux Ré-publiques s'abandonnent folemnellement aux épanchemens d'une douce frater-nité. S'il eft permis d'ajouter foi aux rapports confolans de l'incertaine re-nommée, un autre rapprochement des anciens tems & des notres fe préfente à tous les efprits. Ce fut auffi dans les murs de Bâle que fe conclut cette paix célèbre qui termina la dernière lutte fanglante qu'eurent à foutenir les Suiffes pour la caufe facrée de leur indépen-dance. Puiffe une paix de ce genre ajouter bientôt à la gloire de notre patrie! Par une fatalité qui confond la raifon humaine, il fallut toujours que la guerre fondat la liberté. Mais c'eft la paix qui la confolide par le vrai dé-veloppement de fon énergie ; c'eft la paix qui l'ennoblit par l'exercice des vertus, c'eſt la paix qui l'embellit par le charme de tous les arts, & qui la fait adorer des ames ſenſibles & généreuſes. Qu'il eſt beau de préſenter l'olivier de la paix, quand on a le front ceint des lauriers de la victoire! La modération dans le vainqueur enchaine la fortune à ſon char, & la force de l'ennemi eſt moins rédoutable que le déſespoir du vaincu. Mais l'importance d'auſſi grands intérêts nous entraine au-delà des bornes de notre miſſion. Qu'il nous ſoit encore permis de demander à Votre Excellence la précieuſe continuation de ſes bontés & de ſa bienveillance, ainſi que ſa puiſſante intervention dans toutes les réclamations fondées, que cet Etat ou ſes citoyens pourroient être dans le cas d'adreſſer aux Autorités ſuprémes de l'illuſtre République françaiſe.

RÉPONSE

DE L'AMBASSADEUR

DE LA

RÉPUBLIQUE FRANÇAISE EN SUISSE

A U

CONSEIL SECRET

DE L'ÉTAT DE BASLE.

MAGNIFIQUES SEIGNEURS!

JE reçois avec d'autant plus de re-
connoiſſance & de ſenſibilité l'expreſ-
ſion des ſentimens que vous voulez
bien m'accorder, que j'ai déjà l'habi-
tude de votre bienveillante amitié à
mon égard, de même que je me flatte
que vous avez celle de mon deſir de
vous ſervir & de ma conſtante ſolli-

citude pour vos intérêts. Elle va être encore plus animée, Magnifiques Seigneurs, par le féjour que je viens faire dans votre ville. Plus je fuis rapproché de vous, plus je chercherai à attirer fur votre Etat les regards de la République françaife.

Depuis que j'habite dans votre patrie, des circonftances fingulièrement difficiles ont circonvenu le louable Corps helvétique : mais la profonde fageffe qui a caractérifé tous fes pas, lui a fait furmonter jufqu'ici ces mêmes difficultés , & certainement en perfévérant dans fes principes, il continuera à jouir du calme de la paix, jufqu'à l'époque heureufe qui devra la rendre à l'univers ; & il y arrivera avec les bénédictions de l'eftimable peuple qu'il régit, avec la confiance & la jufte confidération de la Nation

françaife & de toute l'Europe , & avec la certitude que la poftérité ad-
mirera la conduite qu'il a tenue dans ces tems critiques, où tant de moyens ont été mis en œuvre pour faire fortir les Cantons des maximes dont ils ont hérité de leurs ancêtres, & dont la fageffe eft confirmée par l'expérience des fiècles. Votre Etat aura d'autant plus de droits à partager ce triomphe, qu'il a non feulement partagé avec fes Co-alliés tous les dangers de l'époque préfente, mais qu'il a encore été ex-
pofé à des inquiétudes particulières. Il doit être bien fûr d'avoir acquis avec eux des titres ineffaçables à la continuation de l'amitié de la République françaife. Je m'eftime très-heureux, Magnifiques Seigneurs, d'en être dans ce moment-ci l'organe auprès de vous & de pouvoir tranfmettre au comité de Salut public

de la Convention nationale, les expref-
fions de votre dévouement confédéral
& les vœux que vous formez pour la
profpérité du peuple français, qui fera
toujours votre plus fidèle allié.